Mein Fahrrad und ich

XENOS

Der Verkehrs-Club Deutschland (VCD) empfiehlt *Mein Fahrrad und ich* allen angehenden Fahrradfahrer(innen). Kompetent und leicht verständlich vermittelt das Buch jungen Verkehrsteilnehmer(inne)n das notwendige Wissen und Können, gleichzeitig aber auch Spaß und Freude an einem umweltfreundlichen Fortbewegungsmittel. Eine kindgrechte Mobilitätserziehung verkürzt Beweglichkeit nicht aufs Autofahren, sondern schult den gleichberechtigten Gebrauch aller Verkehrsmittel. Auch wenn das Buch das Vorbild der Eltern, die durch ihr eigenes Verkehrsverhalten das ihrer Kinder entscheidend prägen, nicht ersetzen kann, gibt es Erwachsenen doch eine sehr gute Orientierungshilfe für die Verkehrserziehung der Kinder an die Hand und schärft das Bewußtsein für Sicherheit im Straßenverkehr.

VCD
Verkehrsclub
Deutschland
Wir gehen neue Wege

ISBN 3-8212-1881-9

Am Hehsel 40, 22339 Hamburg

Text und Konzept: Bettina Grabis
Illustrationen: Axel Dissmann
Lektorat: Michael Holtmann
Satz & Lithografie: waterkant, Hamburg
Printed in Spain

Mein Fahrrad und ich

Ein Fahrrad-Handbuch für Kinder
von Bettina Grabis
und Axel Dissmann (Illustrationen)

XENOS

Inhaltsverzeichnis

Inhaltsverzeichnis

1. Was ist dran an einem Fahrrad?

Wunderst du dich auch manchmal über die vielen Teile, die an einem Fahrrad angebracht sind?
Hier erfährst du die Bezeichnungen der einzelnen Fahrradteile.

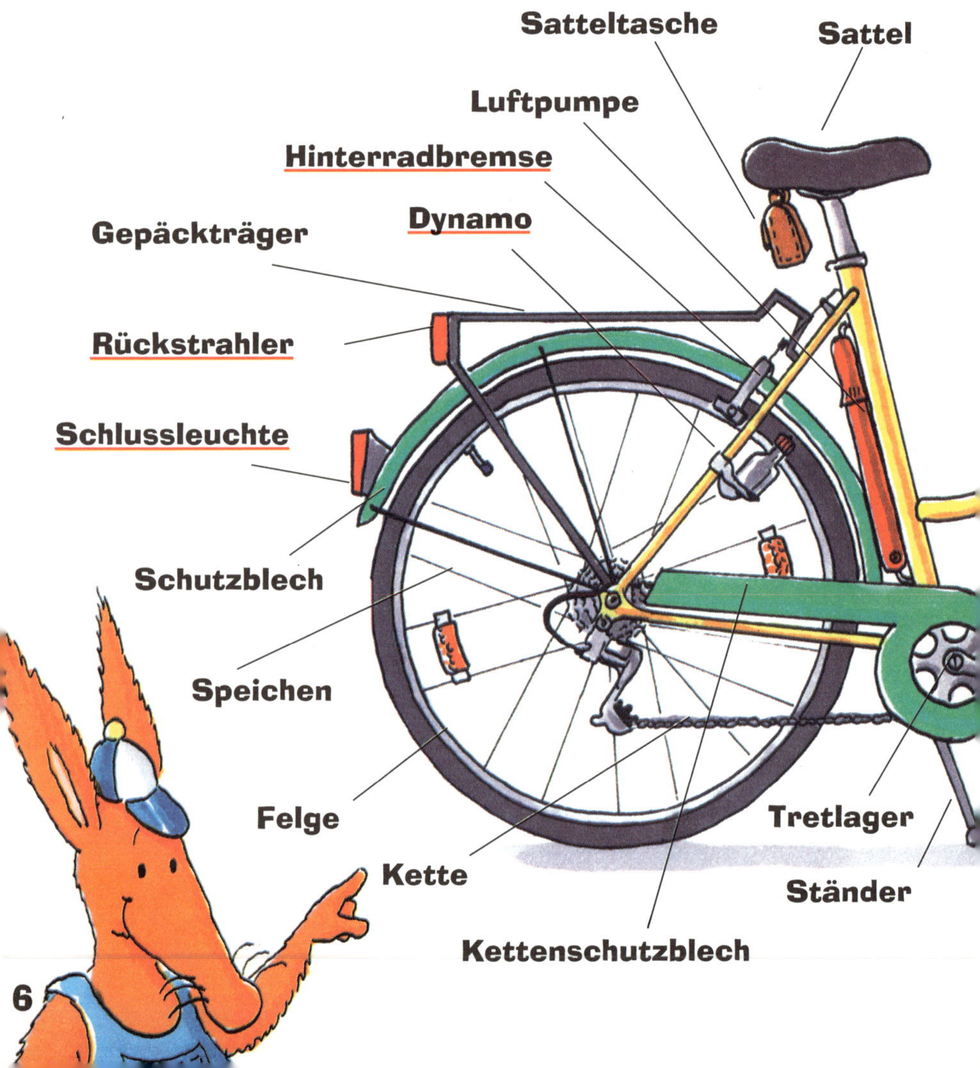

Alle rot unterstrichenen Teile sind gesetzlich vorgeschrieben und dürfen an deinem Fahrrad auf gar keinen Fall fehlen. Warum das so ist, erfährst du auf den nachfolgenden Seiten.

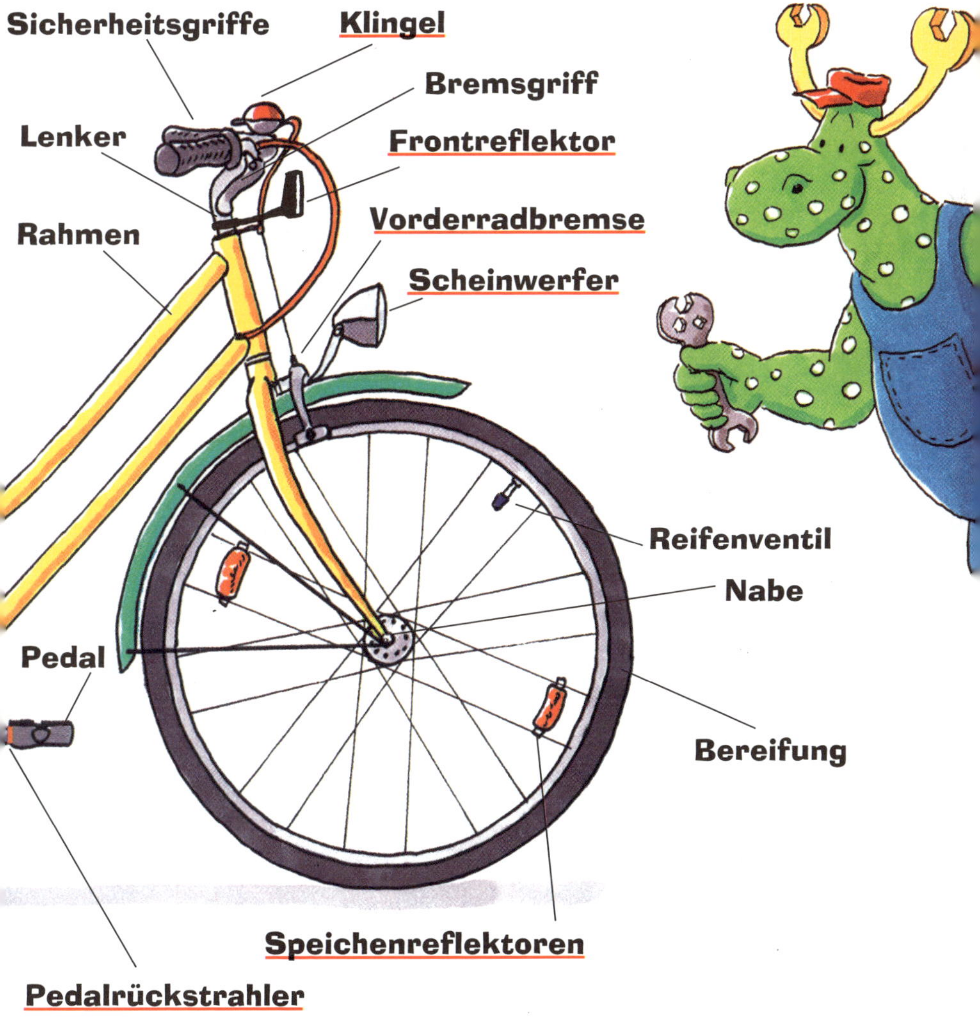

Fahrradzubehör, auf das ein...

Die meisten Teile an einem Fahrrad sind kein unnötiger Schnickschnack, sondern wirklich wichtiges Zubehör, das deiner eigenen Sicherheit im Straßenverkehr dient.

Die Klingel

Die Klingel an deinem Fahrrad ist genauso wichtig wie die Hupe beim Auto. Mit ihr kannst du, wenn du dich selbst oder andere im Straßenverkehr gefährdet siehst, Warnzeichen geben. Tritt zum Beispiel plötzlich ein Fußgänger in die Fahrbahn, machst du ihn durch Klingelsignale auf dich aufmerksam. Aber Achtung! Bremsen musst du natürlich trotzdem!

Der Scheinwerfer

Der weiße Scheinwerfer vorne am Fahrrad hilft dir nicht nur, im Dunklen zu sehen, sondern sorgt auch dafür, dass dich die anderen Verkehrsteilnehmer wahrnehmen. Achte immer darauf, dass der Scheinwerfer nicht verdeckt oder verschmutzt ist.

Die Vorderradbremse und die Hinterradbremse

Sicherlich fragst du dich, warum du gleich zwei Bremsen an deinem Fahrrad brauchst. Ganz einfach – aus Sicherheitsgründen! Sollte die eine einmal ausfallen, hast du immer noch die andere zum Bremsen. Außerdem kommst du schneller zum Stehen, wenn du beide Bremsen benutzt.

Die Speichenreflektoren

Dein Fahrrad muss mit vier Speichenreflektoren ausgerüstet sein: zwei sitzen am Vorderrad und zwei am Hinterrad. Bei Dunkelheit oder schlechten Sichtverhältnissen sorgen sie dafür, dass dich andere Verkehrsteilnehmer auch von der Seite erkennen können. Obendrein sehen die gelben Glitzerscheiben auch noch toll aus.

Die Pedalrückstrahler

Wie die Speichenreflektoren sorgen auch die gelben Pedalrückstrahler dafür, dass Autofahrer dich bei Dunkelheit nicht übersehen. Damit die Reflektoren Licht zurückstrahlen können, müssen sie immer sauber sein.

Die Schlussleuchte

Die rote Schlussleuchte sorgt dafür, dass du in der Dämmerung und bei Dunkelheit auch von hinten immer gut zu sehen bist. Wie der Scheinwerfer wird auch die Schlussleuchte vom Dynamo mit dem nötigen Strom versorgt.

Der Rückstrahler

Der rote Rückstrahler, der gleich unter der Schlussleuchte sitzt, reflektiert Licht. So bist du in der Dunkelheit auch dann noch zu sehen, wenn deine Schlussleuchte einmal versagen sollte.

Der Dynamo

Der Dynamo ist ein Elektrizitätswerk im Miniaturformat. Während du in die Pedale trittst, versorgt der Dynamo die Lampen deines Fahrrades mit dem nötigen Strom.

Die Satteltasche

Damit du dein Fahrrad nicht schon bei der kleinsten Panne nach Hause schieben musst, solltest du in deiner Satteltasche immer das nötigste Werkzeug dabei haben.

Dazu gehören:
Flickzeug,
Universalschlüssel,
Reifenheber,
Schraubenzieher,
ein Fläschchen Fahrradöl
und ein kleiner Lappen.

Die Luftpumpe

Auch eine Luftpumpe solltest du immer dabei haben. Denn geht einem Reifen einmal die Luft aus – und das passiert nicht gerade selten – siehst du ohne Pumpe ganz schön dumm aus. Aber Vorsicht: Unbeaufsichtigte Luftpumpen werden von Langfingern gerne gemopst!

Ein absolutes Muss: der Helm

Viele Biker denken leider immer noch, ein Fahrradhelm sei gar nicht nötig. Aber Pustekuchen! Der Helm ist keine vorübergehende Modeerscheinung, sondern eine unverzichtbare Schutzbekleidung, um schweren Kopfverletzungen vorzubeugen.

Gerade im Straßenverkehr solltest du immer auf Nummer Sicher gehen. Ein Sturz ohne Helm kann schwerste Verletzungen zur Folge haben. Deshalb gilt: **Nie ohne Helm!** Sei klug, und fahr mit Köpfchen!

Welcher Helm ist der richtige?

Fahrradhelme gibt es mittlerweile in den verschiedensten Ausführungen. Da fällt die Wahl natürlich schwer. Aber denk beim Kauf daran: Nicht auf das Aussehen kommt es an, sondern auf die Sicherheit!

So wählst du richtig:

1. Die Größe muss stimmen!

Der Helm sitzt dann gut, wenn er auch bei heftigen Kopfbewegungen nicht wackelt. Stirn, Schläfen und Hinterkopf sollten abgedeckt sein. Die Ohren allerdings müssen frei bleiben, damit du auch jedes Geräusch im Verkehr hören kannst. Ganz wichtig ist auch der Kinnriemen. Er sollte möglichst breit sein und immer straff sitzen, damit der Helm nicht hin und her rutscht.

2. Auf die Qualität kommt's an!

Ein guter Helm muss nicht teuer, aber sicher sein. Ob ein Fahrradhelm auf Sicherheit geprüft worden ist, erkennst du an dem Prüfsiegel. Das trägt nämlich jeder Helm, der einen Sicherheitstest bestanden hat.

3. Achte auf das Herstellungsdatum!

Fahrradhelme sind aus leichtem Kunststoff, und der kann im Laufe der Zeit brüchig werden. Deshalb solltest du keinen Helm tragen, der älter als 6 Jahre ist.

2. Fahrrad ist nicht gleich Fahrrad

Bevor du losgehst, um dir ein Fahrrad zu kaufen, musst du dir genau überlegen, was du eigentlich willst. Ein Fahrrad, klar. Aber was für eines? Es gibt eine Reihe verschiedener Typen, die sich nicht für alle Zwecke gleich gut eignen. Deshalb solltest du dir, bevor du den Fahrradhändler aufsuchst, ein paar wichtige Fragen stellen:

Wo möchtest du mit deinem Bike hauptsächlich radeln? Willst du vorwiegend auf asphaltierten Straßen fahren oder eher durch hügeliges Gelände kurven? Möchtest du dein Fahrrad für sportliche Zwecke wie Rennen oder weite Touren nutzen? Oder möchtest du mit deinem Drahtesel einfach nur zur Schule radeln und kleinere Ausflüge unternehmen?

Das Citybike

Ein Citybike oder Stadtrad eignet sich besonders für gut ausgebaute Straßen, denn für die brauchst du kein Rad mit dicken Reifen. Und weil es im Stadtbereich selten größere Steigungen gibt, reicht eine Fünf- oder Siebengang-Nabenschaltung vollkommen aus.

Das Citybike ist mit einem Lenker ausgestattet, der eine bequeme, nahezu aufrechte Sitzposition ermöglicht. Dadurch hast du einen guten Überblick, was im Straßenverkehr besonders wichtig ist. Durch seinen robusten Rahmen ist das Stadtrad allerdings kein ausgesprochenes Leichtgewicht, dafür aber sehr belastbar.

Möchtest du mit deinem Fahrrad vor allem zur Schule fahren oder hin und wieder Ausflüge in die nähere Umgebung machen, ist ein Citybike genau das richtige Rad für dich.

Das Mountainbike

Wenn du gerne bergauf und bergab radelst und auch vor matschigem oder hügeligem Gelände nicht zurückschreckst, bist du mit einem Mountainbike gut bedient. Mit 21 bis 24 Gängen ist es jeder Steigung gewachsen und seine starken Bremsen lassen dich auch auf steilen Abfahrten nicht im Stich.

Der Rahmen eines Mountainbikes ist kleiner als der eines normalen Fahrrades. Die Reifen sind besonders breit und ihre groben Stollen kommen mit jedem Untergrund zurecht.

Ein echtes Mountainbike ist ein Sportgerät und daher häufig nur mit dem Allernötigsten ausgestattet. Doch so unvollständig ausgerüstet ist es auf öffentlichen Straßen natürlich nicht zugelassen.

Wenn du dir ein Mountainbike anschaffen möchtest, musst du beim Kauf also unbedingt darauf achten, dass es straßentauglich ist. Dazu muss es die vorgeschriebene Sicherheitsausstattung haben. Falls nicht vorhanden, muss es mit einer Lichtanlage, Reflektoren und einer Klingel nachgerüstet werden. Schutzbleche sind empfehlenswert.

Das Rennrad

Bist du schon ein guter Biker und fährst besonders auf Schnelligkeit ab, ist ein Rennrad genau das Richtige für dich, da es in erster Linie auf Geschwindigkeit ausgelegt ist.

Das Rennrad hat einen dünnen, leichten Rahmen und sehr schmale Reifen, was zur Folge hat, dass es kaum gefedert ist. Deshalb ist das Rennrad vor allem für gut ausgebaute Straßen geeignet. Auf unebenen Wegen wirst du ganz schön durchgerüttelt und kannst leicht die Kontrolle über dein Rad verlieren.

Durch den nach unten gebogenen Rennlenker sitzt du auf einem Rennrad tief gebückt. Durch diese Haltung wird der Luftwiderstand deutlich verringert und du kommst mit weniger Kraftaufwand schneller voran.

Das Rennrad ist ein Sportgerät und für schnelles Fahren gebaut. Für Anfänger ist so ein rasanter Drahtesel deshalb wenig geeignet.

Das Trekking-Bike

Das Trekking-Bike ist eine Mischung aus Rennrad und Mountainbike. Es hat die Laufräder vom Rennrad und die Bremsen und die Schaltung vom Mountainbike. Es eignet sich sowohl für holpriges Gelände wie auch für gut ausgebaute Wege.

Auch der Lenker des Trekking-Bikes stammt häufig vom Mountainbike und sorgt für eine bequeme, fast aufrechte Sitzhaltung. Dadurch hast du einen guten Überblick.

Wenn du dir ein Trekking-Bike anschaffen möchtest, musst du jedoch darauf achten, dass es eine verkehrstaugliche Ausstattung hat. Das heißt, es muss mit Lichtanlage, Klingel und Reflektoren ausgestattet sein.

Das BMX-Rad

Wenn du mit deinem Fahrrad gerne jeden Tag zur Schule radeln möchtest, ist das BMX-Rad nichts für dich. Denn das BMX ist ein Geländefahrrad, das für Spiel, Spaß und Sport entwickelt wurde. Mit ihm kannst du tolle Sprünge machen und über Stock und Stein sausen. Im öffentlichen Straßenverkehr jedoch hat es nichts verloren, da es meist nicht über die vorgeschriebene Sicherheitsausrüstung verfügt.

Das BMX-Rad ist sehr klein, aber super stabil – eben genau das richtige Fahrzeug, um über hügelige Sandpisten zu brettern. Es hat kräftige Bremsen, aber keine Schaltung.

Da du mit einem BMX-Rad jede Menge Kunststücke ausprobieren kannst, musst du deinen Körper dabei so gut wie möglich schützen. Deshalb solltest du auf dem BMX-Rad auf jeden Fall Helm, Handschuhe, Ellbogen- und Knieschützer tragen.

Das Lern- und Spielfahrrad

Das typische Kinderrad für die Jüngsten unter den Anfängern, also die Drei- bis Fünfjährigen, ist ein Lern- und Spielfahrrad. Da diese Räder nicht den Anforderungen der Straßenverkehrszulassungsordnung (StVZO) entsprechen, darf das Kind damit auch nur in einem sicheren Spielbereich fahren. Im öffentlichen Straßenverkehr haben Lern- und Spielfahrräder also nichts verloren.

Wie sinnvoll sind Stützräder?

Stützräder sind wenig empfehlenswert. Damit der Fahrradanfänger von Anfang an das richtige Gefühl für Gleichgewicht trainieren kann, sollte auf die Montage von Stützrädern ganz verzichtet werden. Sinnvoller ist für den Anfänger ein tief eingestellter Sattel, der es dem Kind ermöglicht, sich jederzeit problemlos mit den Füßen am Boden abzustützen. Auch ein Kinderroller ist zum Üben des Gleichgewichts hervorragend geeignet.

Das Kinderrad

Kinderräder gibt es in den unterschiedlichsten Ausführungen, zum Beispiel als Normalrad, Mountainbike oder BMX-Rad. Das Wichtigste beim Kauf eines solchen Rades ist, darauf zu achten, dass es auch wirklich richtig passt. Das heißt, die Rahmengröße muss auf den kleinen Radler abgestimmt sein. Zu kleine oder, noch schlimmer, zu große Fahrräder stellen eine zusätzliche Belastung für den Radfahrer dar und lenken vom Fahren ab. Wie du herausfindest, welche Rahmengröße die richtige für dich ist, erfährst du im Kapitel „Die Rahmenhöhe“ auf Seite 25.

Auch die Größe der Laufräder spielt eine wichtige Rolle, denn je größer die Räder sind, desto leichter lässt sich das Bike bewegen. Die Liste unten verrät dir, welches Laufrad für dich am besten geeignet ist.

Welches Laufrad für welches Alter?

Am besten geeignet sind für Kinder

bis zu 3 Jahren:	12-Zoll-Laufräder
bis zu 6 Jahren:	16-Zoll-Laufräder
bis zu 12 Jahren:	20-Zoll-Laufräder
ab 13 Jahren:	26-Zoll-Laufräder

3. Wichtige Tips zum Fahrradkauf

Hast du dich für einen bestimmten Typ von Fahrrad entschieden, möchtest du es natürlich auch gleich haben. Doch bevor du nun ins nächste Fahrradgeschäft gehst, solltest du noch wissen, worauf du beim Kauf eines Bikes unbedingt achten musst. Ein gutes Fahrrad ist nicht billig. Und nur wenn es deinen Wünschen wirklich voll und ganz entspricht, wirst du lange Freude daran haben.

Wo solltest du ein Fahrrad kaufen?

Am besten kaufst du dein Bike bei einem Fahrradhändler in deiner Nähe, wo du auch die Möglichkeit zu einer Probefahrt hast. Denn erst wenn du ein paar Runden auf dem ausgewählten Rad drehst, kannst du feststellen, ob es wirklich das richtige für dich ist. Außerdem steht dir ein guter Fahrradhändler auch nach dem Kauf noch hilfreich zur Seite, wenn technische Probleme auftauchen oder einmal eine Reparatur nötig werden sollte.

Die Rahmenhöhe

Die Rahmenhöhe muss stimmen, damit du dich auf deinem Fahrrad auf Dauer wohl fühlst. Während du Lenker- und Sattelhöhe verändern kannst, ist die Rahmenhöhe nicht verstellbar.

Welche Rahmenhöhe du benötigst, hängt von deinen Körpermaßen ab, insbesondere von der Länge deiner Beine.
Um die passende Rahmengröße zu berechnen, ziehst du deine Schuhe aus und misst die Innenbeinlänge mit einem Metermaß. Davon ziehst du 25 cm ab und erhältst so das Maß deiner Rahmengröße.

Die Höhe des Sattels

In welcher Höhe der Sattel eingestellt sein sollte, hängt von deinem Fahrkönnen ab. Bist du noch ein wenig unsicher beim Fahren, solltest du den Sattel so einstellen, dass du beim Sitzen den Boden mit beiden Füßen problemlos erreichst.

richtig

Bist du schon ein guter Biker, reicht es, wenn du vom Sattel aus mit beiden Fußballen gleichzeitig den Boden berührst.

Sattel zu hoch eingestellt

Sattel zu niedrig eingestellt

Damit du beim Fahren auch möglichst bequem sitzt und nicht vor und zurück rutschst, sollte dein Sattel waagerecht eingestellt sein.

So stellst du die Sattelhöhe ein

Um den Sattel höher oder tiefer einzustellen, brauchst du die Sattelstange nur aus dem Rahmenrohr herauszuziehen oder nach unten zu schieben und dann zu fixieren.

Aber Achtung! Wenn du die Sattelstange ganz herausziehst, siehst du ziemlich weit unten an der Stange eine sehr wichtige Markierung. Weiter als bis zu dieser Markierung darf die Sattelstange auf keinen Fall aus dem Rahmenrohr herausgezogen werden, weil sie sonst keinen festen Halt mehr hat.

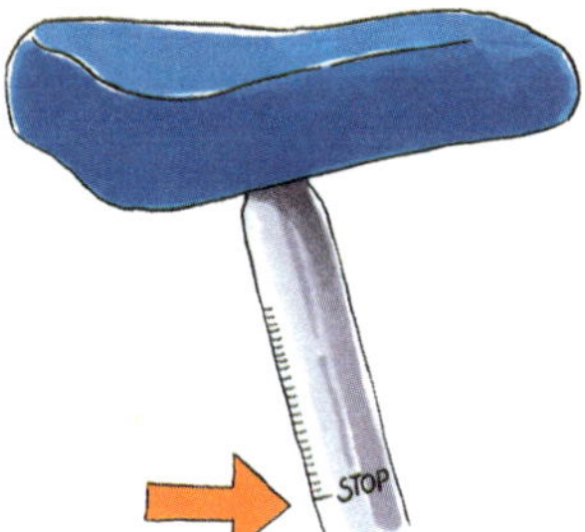

Der Lenker

Die Breite des Lenkers sollte ungefähr deiner Schulterbreite entsprechen, um dir einen guten Griff zu ermöglichen.

Je aufrechter du auf dem Fahrrad sitzen kannst, desto besser ist dein Überblick. Deshalb sollte der Lenker höher sein als die Sitzhöhe.

Der Bremshebel

Die Bremshebel müssen fest am Lenker und in unmittelbarer Nähe deiner Finger sitzen. Die Bremsgriffe müssen so eingestellt sein, dass du die Bremse jederzeit problemlos betätigen kannst. Das ist dann der Fall, wenn du die Bremshebel mit allen Fingern greifen kannst, ohne den Daumen vom Lenker zu lösen. Wichtig ist auch, dass du die Bremsgriffe ohne großen Kraftaufwand betätigen kannst.

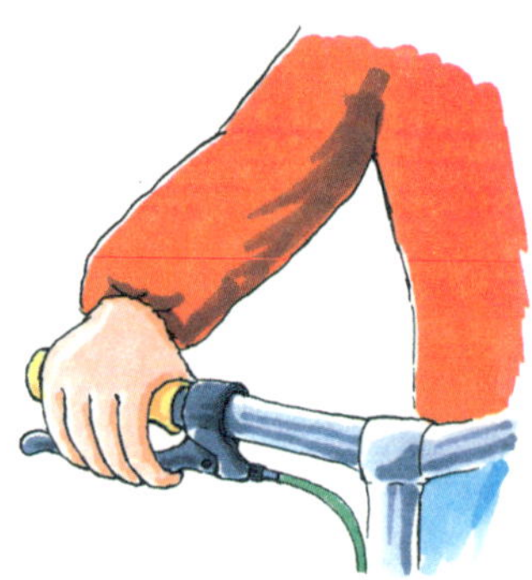

Die Schaltung

Bei Gangschaltungen gibt es zwei Systeme: die Nabenschaltung und die Kettenschaltung. Nabenschaltungen sind recht unempfindlich und benötigen nicht viel Pflege. Sie sind relativ grob abgestuft.

Kettenschaltungen hingegen lassen sich sehr fein abstufen, sind jedoch auch empfindlicher. Sie verschmutzen schnell und müssen regelmäßig gewartet werden.

Welche Schaltung für dich die geeignete ist, hängt davon ab, was du mit deinem Fahrrad so vorhast: Nutzt du dein Bike für Fahrten in der näheren Umgebung, reicht eine Drei- bis Fünfgangschaltung vollkommen aus. Möchtest du auch längere Radtouren unternehmen, bist du mit einer Fünf- bis Siebengangnabe oder einer einfachen Kettenschaltung besser beraten.

Die Beleuchtung

Die Beleuchtung muss stimmen, das ist gesetzlich vorgeschrieben! Die normale Lichtanlage besteht aus: einem Dynamo (1), einem vorne angebrachten Scheinwerfer (2), einem weißen Frontreflektor (3), einer roten Schlussleuchte, die gleichzeitig als Reflektor wirkt (4), einem großen roten Rückstrahler (5), Pedalen mit gelben Reflektoren (6) und je zwei Speichenreflektoren in Vorder- und Hinterrad (7). Die gesamte Lichtanlage nützt dir allerdings wenig, wenn die Verkabelung unterbrochen ist. Deshalb solltest du darauf achten, dass die Kabel durch den Rahmen verlegt sind. So sind sie gut geschützt und können nicht so leicht reißen oder eingeklemmt werden.

Richtig eingestellt ist der Scheinwerfer, wenn der Lichtstrahl zwischen 10 bis 15 Meter vor dem Fahrrad am Boden auftrifft.

Extratip: Batteriebetriebene Lampen

Lasse dir zusätzlich eine Batterie mit einem Kabel zum Scheinwerfer und zur Schlussleuchte anbringen. Das hat den Vorteil, dass die Beleuchtung auch dann noch funktioniert, wenn du mit deinem Fahrrad angehalten hast und stehst. So wirst du von den anderen Verkehrsteilnehmern immer gut und frühzeitig gesehen.

4. Ein Fahrrad will gepflegt sein

Was nützt das tollste, modernste Bike, wenn es nicht richtig funktioniert? Um den Drahtesel in Schuss zu halten, solltest du nicht abwarten, bis er grässlich quietscht und knirscht, sondern ihn regelmäßig pflegen und warten.

Schrauben und Muttern

Schon aus Gründen der Sicherheit sollten alle Schraubverbindungen am Rad regelmäßig überprüft werden. Sie müssen stets festsitzen.

Lichtquellen

Scheinwerfer, Reflektoren im Vorder- und Hinterrad, rotes Rücklicht, roter Rückstrahler und gelbe Rückstrahler in den Pedalen müssen gereinigt werden, damit ihre Funktion nicht durch Schmutz beeinträchtigt wird.

Die Kette

Wenn du in die Pedale trittst, wird deine Kraft über die Kette auf das Hinterrad übertragen. Damit deine Kraft dort auch ankommt, sollte die Kette möglichst wenig Widerstand entgegensetzen. Deshalb solltest du sie regelmäßig reinigen und anschließend mit ein paar Tropfen Spezialkettenöl schmieren. Achte außerdem darauf, dass die Kette weder zu straff noch zu locker sitzt.

Tretlager, Schaltung, Bremsen und Dynamo

Alle beweglichen Teile an deinem Rad solltest du alle paar Wochen gründlich säubern. Kettenschaltung und Tretlager werden hinterher gut eingefettet. Überflüssige Ölreste werden mit einem Lappen entfernt.

Hilfe, Rost!

Sobald du kleine Roststellen entdeckst, solltest du sie sofort behandeln, sonst kann es passieren, dass aus deinem tollen Bike schnell ein rostiger Drahtesel wird. Mit etwas Metallputzmittel lässt sich Rost meist mühelos entfernen.

Übung macht den Meister

Nur wer sein Fahrrad gut beherrscht, kann auch in gefährlichen Situationen richtig reagieren. Deshalb solltest du dir gemeinsam mit deinen Freunden einen ruhigen Platz zum Üben suchen – zum Beispiel einen abgelegenen Parkplatz oder einen Sportplatz.

Richtiges Bremsen

Einer der wichtigsten Punkte, die du als Biker beherrschen solltest, ist gekonntes Bremsen. Um es zu üben, brauchst du nur ein Stück Kreide. Ziehe damit einen geraden Strich am Boden. Das ist deine Haltelinie.

Nun tritt kräftig in die Pedale und fahre schnurstracks auf die Linie zu. Versuche so zu bremsen, dass du noch vor der Linie zum Stehen kommst. Rauschst du über die Linie hinaus, solltest du die Übung so lange wiederholen, bis es einwandfrei klappt.

Als nächstes versuchst du das Bremsen ohne Vorwarnung. Das geht so: Auf das Startsignal eines Freundes hin radelst du so schnell wie möglich los. Klatscht er plötzlich in die Hände oder ruft laut „Halt", bremst du sofort. Wie schnell hast du reagiert? Bist du rasch zum Stehen gekommen?

Unterschiedliche Wetter- und Straßenverhältnisse haben natürlich Einfluss auf den Bremsweg und das Bremsverhalten. Deshalb solltest du das Bremsen auch auf nassem Boden und auf Sand probieren. So lernst du die Unterschiede kennen und bekommst ein besseres Gefühl fürs Bremsen.

Spur halten

Solange ein Fahrradfahrer nicht sicher Spur halten kann, sind die Straßen für ihn tabu. Wer unsicher hin und her pendelt und in Schlangenlinien fährt, gefährdet sich selbst und andere Verkehrsteilnehmer.

Um das Spurhalten zu üben, zeichnest du mit zwei Kreidestrichen eine ca. 30 m lange und 30 cm breite Spur auf den Boden und fährst sie mit dem Fahrrad ab.

Hast du keine Schwierigkeiten, die Spur zu halten, fährst du die Strecke gleich noch einmal ab. Dabei gibst du Richtungszeichen und streckst abwechselnd den rechten und linken Arm aus. Und wenn du die Spur auch dann noch halten kannst, wenn du dich beim Fahren nach hinten umdrehst, als würdest du den nachfolgenden Verkehr beobachten, bist du schon ein recht sicherer Biker.

Das Fahrrad richtig beherrschen

Im Straßenverkehr muss der Biker in Gefahrenmomenten in Sekundenbruchteilen richtig reagieren können. Deshalb ist es ganz wichtig, dass er sein Fahrrad richtig im Griff hat.

Wie gut du dein Bike schon beherrschst, kannst du am besten beim Kreisfahren herausfinden. Dazu zeichnest du mit Kreide einen Kreis auf den Boden. Um im Kreis fahren zu können, musst du das Gleichgewicht von der einen auf die andere Seite verlagern und gleichzeitig auch noch antreten oder bremsen. Das setzt voraus, dass du mit deinem Rad bereits sehr gut vertraut bist.

Versuche mit ausgestrecktem Arm so im Kreis zu fahren, dass du die Linie weder berührst noch überfährst. Solange du dazu noch deine Füße zu Hilfe nehmen und den Boden berühren musst, beherrschst du dein Rad noch nicht gut genug. Übe so lange weiter, bis du fehlerfrei eine Runde nach der anderen drehen kannst.

5. Wichtige Verkehrszeichen

Ob Autofahrer, Fußgänger oder Fahrradfahrer – jeder Verkehrsteilnehmer muss die Verkehrsregeln kennen und sich unbedingt nach ihnen richten. Dazu gehört es auch, sich mit den wichtigsten Verkehrszeichen vertraut zu machen.
Kennst du die Bedeutung der folgenden Schilder?

Vorfahrt gewähren!
Der Querverkehr hat Vorfahrt. Du musst mit dem Abbiegen oder Überqueren warten, bis die Straße frei ist.

Anhalten! Vorfahrt gewähren!
Hier musst du immer anhalten, auch wenn du kein anderes Fahrzeug siehst. Erst wenn du dich nach links und rechts umgesehen hast und kein anderes Fahrzeug kommt, darfst du weiterfahren.

Vorfahrt

Dieses Verkehrszeichen zeigt dir, dass du an der nächsten Kreuzung oder Einmündung Vorfahrt hast.

Einbahnstraße

Hier darfst du nur in die Richtung fahren, in die der Pfeil zeigt, und nicht entgegengesetzt.

Verbot der Einfahrt

Dieses Schild steht am anderen Ende der Einbahnstraße. Es verbietet allen Verkehrsteilnehmern die Durch- oder Einfahrt – auch Radfahrern!

Gemeinsamer Rad- und Fußweg

So gekennzeichnete Wege dürfen von Fußgängern und Radfahrern gleichzeitig benutzt werden. Dabei ist gegenseitige Rücksichtnahme oberstes Gebot.

Rad- und Fußweg nebeneinander

Sind Fußgänger und Fahrrad auf einem Schild nebeneinander abgebildet, dürfen Fußgänger nur die rechte und Biker nur die linke Seite des Weges benutzen.

Vorfahrtstraße

Dieses Schild zeigt dir, dass du auf einer Vorfahrtstraße fährst. Du hast nicht nur an der nächsten Kreuzung, sondern im gesamten Straßenverlauf Vorfahrt.

Ende der Vorfahrtstraße

Dieses Verkehrszeichen bedeutet, dass du ab der nächsten Kreuzung oder Einmündung keine Vorfahrt mehr hast.

Verbot für alle Fahrzeuge

Hier darf kein Fahrzeug einfahren. Wenn du das Schild passieren willst, musst du vom Fahrrad absteigen und es schieben.

Verkehrsberuhigte Zone

Fußgänger und spielende Kinder dürfen die Fahrbahn benutzen. Autos und Fahrräder müssen hier im Schritttempo fahren.

Achtung! Um sicher durch den Verkehr zu gelangen, ist immer höchste Aufmerksamkeit gefordert. Rechne jederzeit damit, dass sich andere Verkehrsteilnehmer falsch verhalten können.

Wichtige Verkehrsregeln

Neben Verbots-, Vorschrifts- und Hinweiszeichen gibt es natürlich auch ein paar wichtige Verkehrsregeln, die du als Biker unbedingt kennen solltest. Denn viele Unfälle wären vermeidbar, wenn alle Verkehrsteilnehmer die Regeln kennen und sie vor allem auch beachten würden.

Regel Nr. 1:

Radfahrer müssen die vorhandenen Radwege benutzen, denn dort, wo es Radwege gibt, rechnen Autofahrer nicht mit Radlern auf der Fahrbahn. Bist du noch keine acht Jahre alt, darfst du nur auf dem Radweg fahren. Ist keiner vorhanden, musst du auf dem Bürgersteig fahren. Auf die Straße darfst du noch nicht.

Zwischen acht und zehn Jahren darfst du noch auf dem Bürgersteig, aber auch schon auf der Straße fahren.

Regel Nr. 2:

Ob auf ruhigen Landstraßen oder in der überfüllten Stadt, Radfahrer sollten immer so weit wie möglich rechts fahren und am besten stets hintereinander.

Regel Nr. 3:

Wird die Vorfahrt nicht durch Verkehrszeichen geregelt, gilt immer: Wer von rechts kommt, hat Vorfahrt!

Regel Nr. 4:

Versuche niemals, die Vorfahrt zu erzwingen. Das kann schlimme Folgen haben, denn Autos sind immer stärker als Biker. Lieber nachgeben, als unter die Räder kommen!

Regel Nr. 5:

Beim Abbiegen gilt immer: deutliche Handzeichen geben, damit nachfolgende Verkehrsteilnehmer sehen, was du vorhast und in welche Richtung du abbiegen möchtest.

Regel Nr. 6:

Wenn du vor dir ein Auto am Gehsteig anhalten siehst, solltest du besonders vorsichtig sein. Egal, ob du auf der Straße links oder auf dem Radweg rechts daran vorbeifährst, rechne immer damit, dass Fahrer oder Beifahrer die Türe öffnen und dich dabei übersehen.

Regel Nr. 7:

Halte dich vor Kreuzungen und Ein- und Ausfahrten immer in Bremsbereitschaft. Gerade an unübersichtlichen Stellen und Gefahrenzonen muss der Biker besonders vorsichtig und aufmerksam sein.

Regel Nr. 8:

Will der Radfahrer nach links abbiegen, muss er sich vorher nach hinten umschauen, um sicher zu gehen, dass ihn kein anderes Fahrzeug überholen will.

Mit dem Bike auf Tour

Wenn du gemeinsam mit ein paar Freunden eine größere Radtour unternehmen möchtest, solltest du vorher unbedingt ein paar wichtige Punkte beachten.

Fahrrad-Check

Bevor du mit dem Bike eine längere Strecke zurücklegst, solltest du es natürlich gründlich durchchecken. Mit einem Fahrrad auf Tour zu gehen, das nicht richtig funktioniert, ist nicht nur ausgesprochen dumm, sondern auch unverantwortlich. Überpüfe vor allen Dingen Bremsen, Licht, Klingel und Reifendruck. Und kontrolliere, ob auch wirklich alle Teile am Rad fest angeschraubt sind.

Kleidung

Zieh dir etwas Bequemes an, das weder spannt noch drückt, und steck dir vorsichtshalber eine wind- und wasserdichte Jacke ein, denn Regen kommt oft völlig unverhofft.

Bei der Wahl der Schuhe solltest du darauf achten, dass sie bequem sind und eine rutschfeste Sohle haben.

Mini-Werkzeugkasten

Um die Tour nicht wegen eines kleinen Defekts gleich abbrechen zu müssen, empfiehlt es sich, folgendes Werkzeug im Gepäck zu haben:

1. Flickzeug
2. Universalschraubenschlüssel
3. drei Reifenheber
4. Schraubenzieher **5.** Luftpumpe
6. Erzatzbirnen **7.** Ersatzventile
8. Putzlappen

Erste-Hilfe-Set

Etwas Unvorhergesehenes kann immer mal passieren, deshalb ist es gut, auf kleine Notfälle eingerichtet zu sein und folgende Dinge dabei zu haben:

1. Pflaster, um kleine Schrammen oder Wunden abzudecken
2. Nadel, um Holzsplitter oder Stacheln zu entfernen
3. Desinfektionsmittel, um Nadel und Wunde zu reinigen

4. Kleingeld und Notrufnummer, um bei größeren Verletzungen Hilfe rufen zu können.

Was tun, wenn du einen Unfall siehst?

Wer einen Unfall sieht, darf natürlich nicht einfach weggucken und so tun, als ginge es ihn nichts an. Auch als Biker ist man verpflichtet, zu helfen.

Beobachtest du zum Beispiel einen Unfall vor dir auf dem Radweg, gibt's Folgendes zu tun:

1. Du sicherst die Unfallstelle ab und warnst nachfolgende Radfahrer.
2. Anschließend schaffst du den Verletzten rasch aus der Gefahrenzone und leistest ihm Erste Hilfe.
3. Benachrichtige so schnell wie möglich einen Rettungsdienst oder die Polizei.

Hier kannst du anrufen:	Deutschland	Österreich	Schweiz
Feuerwehr	**112**	**144**	**144**
Polizei-Notruf:	**110**	**113**	**117**

Für den Anruf beim Notdienst solltest du dir die **5 großen W's** merken:

1. **Wo** ist der Unfall geschehen?
2. **Was** ist passiert?
3. **Wie viele** Personen sind verletzt?
4. **Welche** Art von Verletzungen haben die Personen?
5. **Warten** auf Rückfragen des Rettungsdienstes.

Erste Hilfe

Zu wissen, wie man einem verletzten Menschen richtig helfen kann, ist sehr wichtig, deshalb solltest du am besten einen Erste-Hilfe-Kurs besuchen. Solche Kurse werden unter anderem angeboten von:

- Arbeiter-Samariter-Bund Deutschland (ASB)
- Deutsche Lebens-Rettungsgesellschaft (DLRG)
- Deutsches Rotes Kreuz (DRK)
  in Bayern: Bayerisches Rotes Kreuz (BRK)
- Johanniter-Unfall-Hilfe (JUH)
- Malteser Hilfdienst (MHD)

Um die Adressen zu erfahren, brauchst du nur im Telefonbuch nachzusehen.

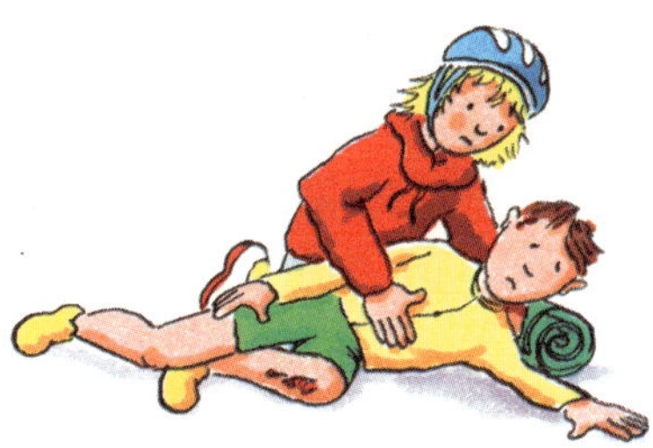

6. Hilfe, Fahrradpanne!

Auch wenn das Fahrrad sehr robust und stabil aussieht, kann doch gelegentlich das eine oder andere Teil einmal den Geist aufgeben. Gangschaltung, Reifen, Bremsen und Beleuchtung sind da ganz besonders anfällig. Aber keine Bange, solange du keine Angst vor schmutzigen Fingern hast, kannst du kleinere Reparaturen mit ein paar Handgriffen selbst erledigen.

Bei schwerwiegenden Schäden gilt allerdings: „**Ab zum Fachmann!**" Denn nur ein intaktes Fahrrad ist sicher.

Ein paar wichtige Tips

Bevor du zum Werkzeug greifst, solltest du einige wichtige Regeln kennen:

1. Rohe Gewalt ist bei Reparaturen völlig fehl am Platz! Was dein Fahrrad braucht, sind Fingerspitzengefühl und das richtige Werkzeug.

2. Kommst du mit einem beschädigten Teil nicht zurecht, musst du dein Bike zum Fahrradspezialisten bringen. Suche den nächsten Fahrradhändler auf. Mangelhafte Reparaturen können deine Sicherheit erheblich gefährden.

3. Versuche nicht, den Spezialisten zu spielen! Kommst du mit der Reparatur eines Schadens nicht klar, lass die Finger davon. Pfuschen an den falschen Stellen und Teilen kann aus einem kleinen Schaden oft einen großen machen.

Wenn die Luft raus ist

Ist dir das auch schon mal passiert? Du radelst durch die Gegend, denkst an nichts Böses, und plötzlich macht es *pffft*. Aus einem deiner Reifen strömt Luft aus, und schon hast du einen Platten. Oje!

Bevor du nun aber gleich das Rad ausbaust, solltest du erst einmal das Ventil überprüfen. Dazu pumpst du Luft in den Reifen und gibst ein bisschen Spucke auf das Ventil. Bilden sich kleine Blasen, ist das Ventil hinüber und muss ausgetauscht werden. Ist das Ventil in Ordnung, hat der Schlauch ein Loch.

In diesem Falle musst du das Rad ausbauen und den Reifen vorsichtig von der Felge heben. Dazu verwendest du am besten Reifenheber.

Spitze Gegenstände oder Werkzeuge solltest du auf gar keinen Fall benutzen. Die könnten nur noch größeren Schaden anrichten. Aber mit den Reifenhebern ist es ganz einfach. Sie funktionieren so ähnlich wie ein Schuhlöffel. Du klemmst sie nacheinander zwischen Reifen und Felge, klappst sie über den Felgenrand um und hakst sie an den Speichen ein.

Hast du alle drei Reifenheber eingehakt, hebst du den Reifenmantel vorsichtig mit den Hebern herunter. Nun drückst du noch das Ventil durch das Ventilloch. Jetzt sind Reifen und Schlauch voneinander getrennt.

Den Reifenmantel solltest du dir nun einmal genauer von innen und außen ansehen. Vielleicht sind hier Glassplitter, Nägel oder andere spitze Teile eingedrungen. Die musst du sorgfältig entfernen, sonst lässt der nächste Platten nicht lange auf sich warten.

Nun gilt es, das Loch im Schlauch zu finden! Wenn es nicht gleich mit bloßen Augen zu sehen ist – was meist nur bei großen Löchern der Fall ist – pumpst du den Schlauch auf und tauchst ihn in Wasser. Die aufsteigenden Luftblasen zeigen dir, wo sich das Loch befindet.

Nachdem du die Stelle rund um das Loch mit einem Lappen getrocknet hast, raust du sie mit Schmirgelpapier etwas auf und gibst die Gummilösung darauf. Lass sie fünf Minuten antrocknen.

Dann ziehst du die Schutzfolie vom Flicken ab und drückst ihn fest auf den Schlauch. Jetzt darfst du den Flicken nicht mehr verschieben!

Den geflickten Schlauch pumpst du noch einmal leicht auf, um ihn auf Dichtheit zu überprüfen. Sicher ist sicher! Hält er die Luft, kann der Schlauch wieder in den Reifenmantel eingelegt werden. Dabei beginnst du mit dem Ventil, das du durch das Loch in der Felge steckst. Sitzt es richtig, schraubst du es mit der großen Mutter fest.

Jetzt kannst du den Schlauch etwas aufpumpen, in den Reifenmantel einlegen und wieder in die Felge drücken. Verwende dazu wieder die Reifenheber.

Sitzt das Ventil gerade, schraubst du es mit der Ventilmutter fest. Nun kannst du den Schlauch wieder vollständig aufpumpen und schon ist dein Reifen geflickt! Na, das war doch gar nicht so schwer, oder?!

Ärger mit der Kette

Springt die Kette einmal heraus, sieht das viel schlimmer aus, als es ist. Dieses Problem ist rasch und leicht aus der Welt zu schaffen. Du musst nur das Fahrrad hinten anheben und die Gangschaltung nach vorn auf das größte Kettenblatt zu schalten und das Pedal so lange langsam und behutsam zu drehen, bis der Umwerfer die Kette wieder auf das Kettenblatt geschoben hat. Das war's auch schon.

Muss die Kette ausgewechselt werden, solltest du das nicht selbst in die Hand nehmen. Bring dein Bike dazu besser in die nächste Fachwerkstatt.

Wenn die Bremsen nicht mehr richtig greifen

Bremsen genau einzustellen ist nicht einfach, deshalb solltest du es von jemanden machen lassen, der sich damit auskennt. Vergiss nicht: Bremsen sind wichtig – lebenswichtig!

Felgenbremsen sind richtig eingestellt, wenn du den Bremsgriff leicht anziehen kannst und er bei voll angezogener Bremse etwa zwei Zentimeter vom Lenker entfernt ist.

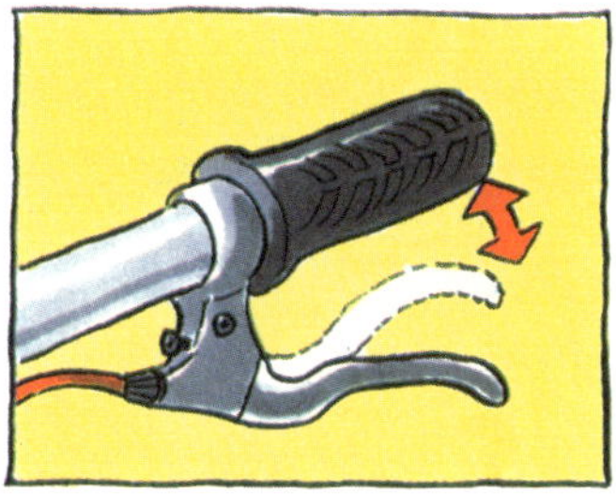

Stimmt die Einstellung nicht, kannst du sie am Bremsgriff mit der Einstellschraube A verändern.

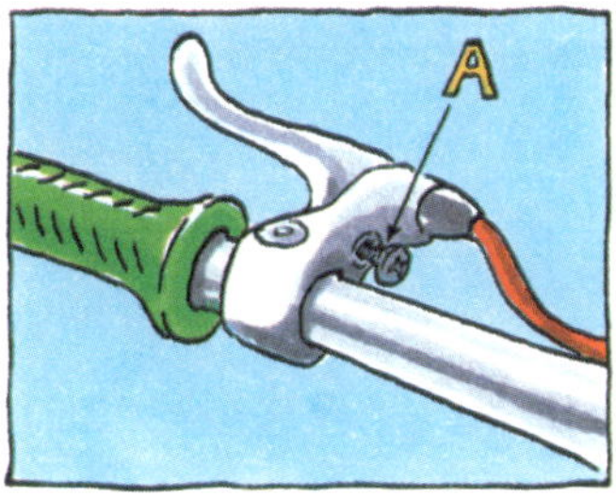

Sind die Bremsklötze abgenutzt oder ölverschmiert, müssen sie sofort ausgewechselt werden, weil sie in diesem Zustand nicht mehr hundertprozentig funktionieren. Das Auswechseln solltest du am besten dem Fahrradspezialisten überlassen.

Richtig eingestellt sind die Bremsbacken, wenn sie einen Abstand von etwa zwei Millimetern zur Felge haben. Das solltest du unbedingt regelmäßig kontrollieren.

Wenn das Licht ausgeht

Eine der häufigsten Macken, mit denen das Fahrrad den Biker gelegentlich überrascht, ist eine nicht funktionierende Lichtanlage. Deshalb solltest du immer die nötigen Ersatzteile und Werkzeuge bei dir haben, um das Problem schnell beheben zu können. Vergiss nie: Ohne Beleuchtung durch die Dunkelheit zu radeln ist lebensgefährlich!

Für den Fall, dass die Beleuchtung an deinem Rad einmal streikt, solltest du Folgendes dabeihaben:

1. einen Schraubenschlüssel
2. einen kleinen Schraubenzieher
3. passende Ersatzbirnchen
4. ein neues Kabel
5. Isolierband
6. ein Taschenmesser

Brennt eine Birne plötzlich nicht mehr, solltest du den Fehler zuerst bei den Kabeln suchen. Überprüfe, ob sich vielleicht eines gelöst hat oder gerissen ist.
Hat sich ein Kabel nur gelöst, musst du es lediglich wieder festschrauben und schon kann die Fahrt weitergehen.

Ist ein Kabel gerissen, muss die Unterbrechung geflickt werden. Dazu entfernst du an der gebrochenen Stelle ein Stück der Isolierung, drehst die getrennten Kabelenden zusammen und umwickelst sie mit Isolierband.

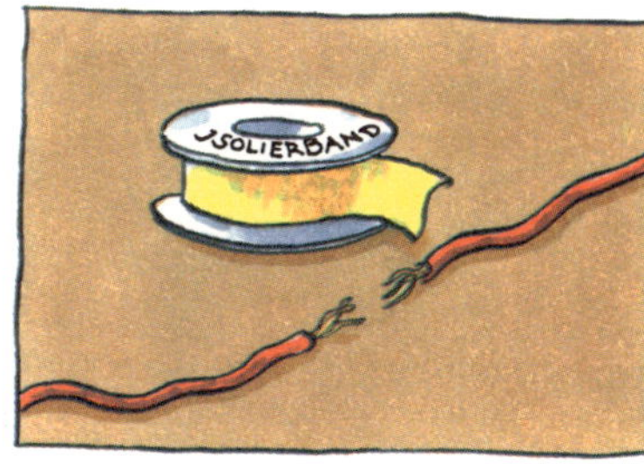

Ist ein Kabel durchgescheuert und ziemlich hinüber, muss es gegen ein neues ausgetauscht werden. Wie das Kabel zu verlegen ist, siehst du am besten am Verlauf des alten.

Ob die Birne den Geist aufgegeben hat, kannst du ganz leicht kontrollieren. Öffne das Lampengehäuse vorsichtig und sieh nach, ob die Birne schwarz oder der Glühdraht unterbrochen ist. Ist die Birne defekt, tauschst du sie gegen eine neue aus.

Sind Reparaturen an Bremsen, Schaltung, Tretlager und Rücktrittnabe

nötig, solltest du sie besser dem Fahrradspezialisten überlassen, denn unvollständige oder falsche Reparaturen können deine Sicherheit erheblich gefährden.

7. Vorsicht, Langfinger!

Kaum zu glauben, aber wahr – auf deutschen Straßen werden jedes Jahr über eine halbe Million Fahrräder gestohlen. Damit du nicht das nächste Opfer wirst, solltest du nachfolgende Tips beachten.

Welches Fahrradschloss ist sicher?

Für einen guten Fahrraddieb ist nahezu jedes Schloss zu knacken. Wenn du dein Bike auch nicht hundertprozentig vor ihm schützen kannst, hast du doch zumindest die Möglichkeit, es einem Dieb möglichst schwer zu machen. Eines ist doch klar: Ein einfaches Schloss ist im Handumdrehen geknackt. Ein stabiles Schloss dagegen kann den Dieb ganz schön ins Schwitzen bringen.

Sicherst du dein Rad nur mit einem Speichenschloss, freut sich der Fahrraddieb bestimmt. Denn für diese simplen Modelle braucht er nicht einmal Werkzeug. Blitzschnell sind diese Schlösser von den Speichen entfernt.

Auch die unterschiedlichen Kabel- und Kettenschlösser schrecken den Fahrraddieb nicht ab. Mit einem Seitenschneider sind solche Schlösser in wenigen Sekunden geknackt.

Ist dein Fahrrad jedoch mit einem Stahlseilschloss gesichert, hat der Dieb wesentlich mehr Mühe. Je dicker das Stahlseil ist, desto schwieriger ist es zu knacken. Ohne richtiges Werkzeug hat der Dieb hier keine Chance.

Fast unbezwingbar für den Fahrraddieb sind Bügelschlösser aus gehärtetem Stahl. Leider sind diese Schlösser ziemlich schwer und nicht gerade billig.

So stellst du dein Bike sicher ab

Selbst das beste Schloss nützt dir nichts gegen Diebe, wenn du es nicht richtig einsetzt. Folgende Tips solltest du unbedingt beachten:

Lass dein Bike nie ungesichert alleine irgendwo herumstehen. Auch wenn du nur kurz in einen Laden gehst, um rasch etwas zu besorgen, musst du dein Fahrrad abschließen. Diebe sind flink. Schon so mancher Radbesitzer wurde bei einer solchen Gelegenheit im Handumdrehen böse überrascht.

Stell dein Fahrrad möglichst an Orten ab, wo sich ein Dieb nicht unbeobachtet daran zu schaffen machen kann. Dadurch machst du ihm die Arbeit schwerer.

Schließt du mit dem Schloss lediglich das Vorder- oder Hinterrad deines Bikes am Rahmen und nicht an einem zusätzlichen Gegenstand fest, hat der Dieb ebenfalls leichtes Spiel. Er muss das Rad nur anheben und davontragen.

Auch in einem dieser niedrigen Fahrradständer ist das Bike nicht besonders gut aufgehoben, weil du hier nur die Möglichkeit hast, das Vorderrad sicher am Ständer zu befestigen. Der wertvolle Rest des Rades ist jedoch völlig ungeschützt und kann von Dieben jederzeit gestohlen werden.

Zäune aus Holzlatten oder dünnem Drahtgeflecht sind als Abstellplatz ebenfalls ungeeignet. Im Handumdrehen ist eine Holzlatte zerlegt oder der dünne Draht durchgeschnitten. Da lacht sich der Dieb ins Fäustchen.

Um dein Bike möglichst sicher abzustellen, solltest du den Fahrradrahmen immer an einem festen, stabilen Gegenstand befestigen. Straßenschilder oder Laternenpfähle sind ideale Abstellplätze.

Der Fahrradsteckbrief

Je ausführlicher und genauer du dein Bike nach einem Diebstahl beschreiben kannst, desto größer sind deine Chancen, dass die Polizei es wiederfindet. Der Fahrradsteckbrief kann dir dabei eine große Hilfe sein. Notiere dir alle Einzelheiten.

Mein Bike ist ein: (z.B. Rennrad, Mountain-Bike)	Mountain Bike

Marke des Rades:	2 Danger

Farbe der Schutzbleche:	/	**Farbe des Rahmens:**	Schwarz

Reifengröße und -marke: (steht auf dem Reifenmantel)

Rahmennummer: (steht auf dem Tretlager, am Sitzrohr, auf der Fahrradgabel oder an der Hinterradgabel)	

Besonderheiten: (z. B. Tacho, Rückspiegel)	Tacho C+5

Unverwechselbare Kennzeichen: (z. B. Kratzer, kleine Schäden)

Nützliche Adressen

Deutschland

Bundesministerium für Verkehr
Referat Öffentlichkeitsarbeit
Robert-Schumann-Platz 1
53175 Bonn

Allgemeiner Deutscher
Fahrrad-Club (ADFC)
Hollerallee 23
28209 Bremen

Verkehrsclub Deutschland
(VCD)
Eifelstraße 2
53119 Bonn

Österreich

Verkehrsclub Österreich
(VCÖ)
Dingelstedtgasse 15
A-1150 Wien

Arbeitsgemeinschaft umwelt-
freundlicher Stadtverkehr (ARGUS)
Frankenberggasse 11
A-1040 Wien

Schweiz

Verkehrsclub der Schweiz
Ressort Velo, Postfach
CH-3360 Herzogenbuchsee

IG Velo
Postfach 30 01
CH-3001 Bern